OBSERVATIONS

Sur l'Emprunt de 24 millions de rentes, qu'on dit être donné à deux maisons étrangères.

PAR PILLET-WILL, BANQUIER.

OBSERVATIONS

Sur l'Emprunt de 24 millions de rentes, qu'on dit être donné à deux maisons étrangères.

———

LE succès qu'ont eu les emprunts que la France a été dans la nécessité de faire, la hausse progressive de tous les fonds étrangers, proportionnellement plus élevés que les fonds françois, ne laissoient aucune incertitude sur la facilité que le Gouvernement auroit à réaliser l'emprunt de 24 millions, consenti par la Chambre des Députés pour traiter du renvoi de l'armée d'occupation.

Ce qui vient de se passer relativement à la répartition des 14,600,000 fr. de rente est digne de remarque : le mode étoit nouveau, et le succès douteux pour certains esprits.

Son Excellence le Ministre des finances, par un avis inséré dans le Moniteur du 9 mai, a fait connoître que les soumissions seroient reçues jusqu'au 27 du même mois.

Ce délai de dix-neuf jours étoit bien court, pour que tous ceux qui en France avoient droit de concourir à cet emprunt, aient pu prendre leur détermination et leurs arrangements : néanmoins les soumissions se sont élevées à la somme prodigieuse de 168 millions de rentes, y compris les soumissions étrangères qui ont été écartées.

Il est vrai de dire qu'en général elles ont été faites en conséquence d'une réduction présumée; mais si d'un côté il y a eu exagération, il faut remarquer que d'un autre, dans les départements comme dans la capitale, chacun exprime ses regrets; les uns pour n'avoir pas pris part à l'emprunt, les autres pour avoir été réduits dans une trop grande proportion, et tous témoignent le desir de s'intéresser dans l'emprunt de 24 millions, qui fixe l'attention publique.

Un préjugé défavorable dans les Départements, assez puissant pour les isoler des opérations de finance, et priver le gouvernement de tout ce que leurs ressources doivent ajouter au crédit, atteignoit les personnes qui cherchoient dans les fonds publics une matière à leurs spéculations. Les banquiers et les capitalistes de Paris, ceux de l'étranger, jugeoient autrement de la solidité de ces opérations et de leurs avan-

tages ; mais il devoit importer au gouvernement, que la confiance concentrée dans la capitale, se répandit dans toute la France. Aujour-
d'hui, par la force des choses , tout paroît
disposé à cet utile et grand changement. Les
provinces en revendiquant leurs droits , ne
craignent plus d'associer leurs fortunes au sort
de l'État ; elles soutiennent que les chances
que présentent les emprunts , leur appartien-
nent également; que l'impôt affecté au paiement de la dette, étant réparti dans une égale
proportion , il en résulte aussi une égalité de
droits. Sans doute on peut objecter que cet
empressement à vouloir être admis à verser
ses fonds dans les caisses du Gouvernement ,
n'est excité que par l'appât des bénéfices qu'ont
offerts les négociations antérieures : cette cau-
se naturelle et légitime , peut être avouée ;
mais elle seroit insuffisante sans la confiance
publique , inspirée par la marche des événe-
ments et par la force que donnent à l'adminis-
tration , des principes constitutionnels , hors
desquels il n'y auroit ni crédit , ni empressement, ni volonté pour souscrire.

Lorsque le 3o mai , Son Excellence le Ministre des finances a fait connoître que le prix

de la rente étoit fixé à 66.5o , Son Excellence offroit sans doute un grand avantage aux prêteurs; mais il paroissoit sage de ne pas compromettre le succès de l'emprunt qui alloit être réparti aux François, pour assurer le succès de l'emprnnt qui restoit à faire; sans cela il eût été assez difficile d'expliquer la fixation d'un cours aussi bas.

On assure cependant que c'est ce même jour, 3o mai, au moment pour ainsi dire où Son Excellence venoit d'acquérir la preuve manifeste de la parfaite réussite de cet emprunt, et de l'impossibilité d'y faire participer les étrangers, qu'un traité auroit été signé avec deux maisons étrangères, pour les 24 millions de rentes qui restoient à négocier. Cela a paru si extraordinaire, que l'opinion publique s'obstine à repousser l'idée de l'existence d'une telle transaction. Comme rien d'officiel n'est connu à cet égard, il est au moins permis d'espérer, et nous raisonnons dans cette hypothèse.

Il seroit bien triste en effet de laisser échapper l'occasion de rattacher, de plus en plus, tous les intérêts à la prospérité de l'État, et de rendre profitables à la France ses propres sacrifices. Vingt-quatre millions de rentes à répartir pour le renvoi des troupes étrangères, la France entière qui demande à prendre part à cette répartition : se pourroit-il que dans une circonstance qui se lie aussi intimément à la stabilité de notre avenir, il fallût préférer des Étrangers? Est-ce qu'il pourroit exister un emprunt plus national que celui qui est destiné à la libération du territoire françois? Ah! sans doute, dans ce cas on trouveroit l'esprit public bien d'accord avec l'intérêt particulier.

Si Son Excellence avoit bien voulu faire annoncer que les soumissions seroient reçues dans chaque chef-lieu de préfecture et sous-préfecture, avec la condition de se faire représenter par un fondé de pouvoirs responsable à Paris, pour l'acceptation définitive, Son Excellence ne met probablement pas en doute, qu'avec la disposition où sont les esprits, en rendant l'emprunt accessible au plus grand nombre de prêteurs, l'on n'eût été embarrassé que de la masse des soumissions; et c'est dans cet empressement que se trouveroit le triomphe d'un système, qui appelle tous les François à s'identifier aux mesures de finance du Gouvernement, et qui doit efficacement contribuer à former un esprit national. L'exemple en est assez remarquable en Angleterre, pour ne pas le dédaigner en France.

Qu'on ne dise pas que ces capitaux seroient enlevés à l'agriculture, que les terres en seroient moins bien cultivées, et nos récoltes moins abondantes ! Ces prédictions, souvent répétées, toujours démenties par l'expérience, n'ont rien qui doive inquiéter. Le propriétaire saura bien distinguer, dans l'emploi de ses capitaux, ceux qui sont nécessaires à la culture de ses terres; et les fonds oisifs, appelés par des placements solides et productifs, seront rendus à la circulation.

S'il faut en croire les bruits qui circulent, ces 24 millions de rentes auroient été cédés à 67 francs, avec des termes pour les paiements qui réduiroient ce prix à moins de 63 francs; d'où il résulteroit, sur le cours de 73 une différence d'environ 50 millions; mais si des considérations assez fortes ont pu faire renoncer aux avantages que nous venons d'indiquer, ne semble-t-il pas que leur influence auroit dû rester étrangère à la fixation du prix?

On se demande d'ailleurs, quelle nécessité il y avoit de se hâter autant, dès l'instant qu'il s'agissoit d'un cours aussi bas, et qu'il devenoit impossible de justifier de la concurrence.

Un emprunt dont la condition essentielle est d'être subordonné à la libération du territoire, devoit, à ce qu'il nous semble, jouir d'une faveur particulière et bien supérieure à celle de tout autre emprunt; car la retraite de l'armée d'occupation, consentie par toutes les puissances de l'Europe, en accomplissant les espérances de la nation françoise, doit fixer ses destinées, et avoir une influence directe sur l'affermissement du crédit public.

Les François, dans l'incertitude et l'ignorance de tout ce qui touche à cette importante solution, ont payé la rente au cours de 66.50 réduit à 64.50 par les arrérages échus au moment du paiement : ils ont considéré ce prix comme bas. Les deux maisons de Londres et d'Amsterdam ont traité à 67 avec des termes si éloignés, que ce prix ne ressort qu'à 63, sous la réserve, que ce grand événement auroit lieu.

Ainsi, certitude de hausse et d'un bénéfice considérable si les troupes se retirent; aucune chance de perte, si leur départ est ajourné, puisqu'en ce cas le traité seroit nul : voilà la

position dans laquelle se trouveroient les prêteurs étrangers.

Ce qui fortifie ces observations, c'est que
le jour où le bruit s'est répandu que l'emprunt
de 24 millions étoit conclu, un mouvement de
hausse sur les fonds s'est prononcé. On n'a vu
dans cette conclusion, que la conséquence d'un
traité qui avoit pour objet la libération du territoire; tout autre mode de négociations adopté
par le Ministre, auroit eu le même effet sur le
prix de la rente.

Mais, dira-t-on peut-être, si une marche
contraire est suivie, des circonstances impé-
rieuses l'exigent; les puissances veulent des ga-
ranties : des considérations de haute politique
se lient à l'intervention de maisons étrangères ;
enfin, il faut au traité d'évacuation, une base
fixe, solide et sans laquelle il ne peut y avoir ni
traité, ni évacuation.

Nous n'approfondirons pas ce qui pourroit
paroître difficile à apprécier, nous nous bor-
nerons à repousser l'idée, que les puissances
n'ont pas eu en nous le degré de confiance
nécessaire, parcequ'elle seroit aussi humiliante
que peu méritée.

La Nation françoise a fait preuve de fidélité,

de dévouement et d'exactitude dans l'acquitte-
ment des charges que lui avoit imposées le
traité du 20 novembre 1815 ; la loyauté de son
Gouvernement n'a besoin d'être appuyée par
aucune garantie ; tout ce qu'il a consenti ,
tout ce qui est dans les limites de la raison et
de la justice a été et sera liquidé ; d'ailleurs il
ne s'agit ici que d'anticiper des paiements pour
abréger dans l'esprit des conventions les délais
d'une libération absolue. La France offre , pour
obtenir cette libération , la meilleure des ga-
ranties, la seule stipulée par le traité du 20 novembre , celle du rétablissement de l'ordre et
de la tranquillité dans le royaume (1).

Nous pourrions nous livrer aux réflexions
que fait naître l'article XIV de ce même traité,
d'après lequel les puissances se sont engagées,
dans le cas où cela conviendroit à la France,
à recevoir les derniers 100 millions de la con-

---

(1) Le maximum de la durée de cette occupation est fixé à
cinq ans ; elle peut finir avant ce terme, si au bout de trois ans
les Souverains alliés, après avoir , de concert avec Sa Majesté le
Roi de France , mûrement examiné la situation et les intérêts
réciproques, et les progrès que le rétablissement de l'ordre et
de la tranquillité aura faits en France, s'accordent à reconnoître
que les motifs qui les portent à cette mesure ont cessé d'exister.
Article Ier du traité du 20 novembre.

tribution de guerre en rente au cours; ce qui sembloit devoir soustraire au moins ces 100 millions au sacrifice de l'emprunt (1); mais nous devons éviter tout ce qui pourroit nous écarter de notre sujet.

L'on a donc de la peine à croire que dans une telle situation, une détermination qui intéresse l'Europe entière, puisse être subordonnée à ce que l'emprunt soit donné à telle personne étrangère, à l'exclusion de toute autre.

Les maisons qu'on désigne pour avoir traité, jouissent à juste titre, du plus haut degré de considération et d'estime; leur fortune est considérable et leur crédit immense. Mais quelle est la maison dont la fortune peut couvrir une garantie de 24 millions de rente? et seroit-il croyable qu'on eût refusé de faire à la France entière, une confiance qu'elle se trouveroit

---

(1) Lorsque les 600 premiers millions de francs auront été payés, les alliés, pour accélérer la libération entière de la France, accepteront, si cet arrangement convient au Gouvernement françois, la rente stipulée à l'article VIII, au cours qu'elle aura à cette époque, jusqu'à concurrence de ce qui restera dû des 700 millions. La France n'aura plus à fournir que la différence, s'il y a lieu. *Article XIV du traité, convention n° 2.*

elle-même dans l'obligation d'accorder à deux seuls négociants étrangers. D'ailleurs, si la difficulté existoit réellement, pour le traité à intervenir, dans une garantie, à laquelle on s'efforce à vouloir donner beaucoup d'importance, a-t-on épuisé par des recherches les moyens de se la procurer et de la rendre satisfaisante?

Le commerce françois a-t-il refusé de répondre à un appel qui lui auroit été fait? A-t-il été consulté à l'effet de savoir, si par ses moyens on pourroit transporter sur des maisons étrangères, le crédit qu'on auroit refusé de lui accorder? Enfin, si l'on étoit forcé de recourir aux banquiers étrangers, a-t-on cherché à établir une sorte de concurrence entre eux? Nous n'avons pas appris que rien de tout cela ait été essayé, nous savons seulement qu'une compagnie françoise, composée de maisons respectables de la capitale et de plusieurs des villes principales de France, s'est présentée; elle étoit disposée à offrir des conditions plus avantageuses pour le Gouvernement, et des termes pour les paiements téllement rapprochés, que l'embarras de la garantie et les craintes qui s'y rattachent auroient entièrement disparu.

On dit et nous ne faisons ici que répéter ce qu'on dit, que cette compagnie avoit même, dès son origine, été encouragée par le Ministère. Si ce fait étoit vrai, il ne seroit pas permis de douter qu'elle n'eût obtenu la préférence; mais nous ajouterons que si la compagnie françoise devoit l'emporter sur la compagnie étrangère, le public devoit l'emporter sur les deux compagnies.

Ces observations peuvent être justes, nous répondra-t-on ; mais il existe une difficulté, elle est invincible : le traité est signé. S'il en est ainsi, qu'il soit revêtu des formes qui le rendent obligatoire, qu'on ne puisse ni le rompre sans manquer à la loyauté, ni le résilier ou le modifier par un arrangement de volonté libre; nous l'avouons, le mal n'est plus réparable et le traité doit être respecté ; car tout engagement signé par un Ministre, quelque désavantageux qu'il fût à l'État, doit recevoir son exécution ; c'est la base essentielle de toute confiance dans les transactions des particuliers envers le Gouvernement.

Or, dans cette situation, les François auroient long-temps à regretter, que Son Excellence n'ait pu triompher des difficultés, et
conserver à la France tous les avantages d'un
emprunt national.

DE L'IMPRIMERIE DE P. DIDOT L'AINÉ,
CHEVALIER DE L'ORDRE ROYAL DE SAINT-MICHEL,
IMPRIMEUR DU ROI.

www.ingramcontent.com/pod-product-compliance
Lightning Source LLC
Chambersburg PA
CBHW071659030726
47598CB00005B/2141